Mirko Bonné

Die Republik der Silberfische
Gedichte

Schöffling & Co.

Für Oliver Platz
in Freundschaft und Dankbarkeit

Erste Auflage 2008
© Schöffling & Co. Verlagsbuchhandlung GmbH,
Frankfurt am Main 2008
Alle Rechte vorbehalten
Satz: Reinhard Amann, Aichstetten
Druck & Bindung: Pustet, Regensburg
ISBN 978-3-89561-402-6

www.schoeffling.de

Ein Tag ohne Tränen ist ein Zufall

Benn

Souvenirs aus einem gefrorenen Garten

Dreihundert Tage Regen

Nachts stanz dir eine Zigarette Zeit heraus, den Funken
einer Dauer: Durchs Türkis der Douglastanne wandert
der Mond, zu dem Taikonauten unterwegs sind, gleich
ob der Fleck da im Schattenwinkel der morschen Pforte
ein Eindringling ist oder die oktobergoldene Magnolie,
die du selber gepflanzt hast, die immer noch mit dem
Teer im Grund der vor Jahren abgetragenen Sackgasse
ringt. Ihr hattet den kältesten Garten. Der Harsch bleibt
bis Ende Mai, bis der Goldregen aufgibt, im Moos liegen.
Und dreihundert Tage Regen. Ein See, groß wie ein Tal,
in das Taschenlampenlicht fällt, liegt unter dem Wald,
ein Untergrundmeer, von dem die Fledermäuse wissen,
dass es ansteigt, weil es verbunden ist mit dem Pegel
der tückischen Elbe. Was hat dich hierher verschlagen?
Den Boden verwalten die Amseln, in Kopfhöhe sind es
die Eichelhäher. Du bist hier nicht mehr weggekommen.
So festgeschraubt unter Ulmen war im Mausoleum bloß
der eiserne Kanzler, das Gespenst in den Gesichtszügen
derer, denen alles gehört: Quelle, Moräne, S-Bahnhof und
selbst Kassiopeia an einem Firmament, dessen Schweigen
Besucher bestürzt. Ihr hattet den eiskalten Himmel. Wind
von den Sternen. Die Leute bauen sich Häuser von Hand
über Jahrzehnte hinweg, schattige Straßen mit Hecken in
flammendem Rot sind der Renner unter den Maklern, die
Hunde als Bewegungsmodule empfehlen. Zwölf Minuten
bis zur Shoppingmall, zwölf bis zur Palmschleuse und der
alten Republikgrenze, wo es noch Fischreiher gibt, zwölf,
schon parkte man vor der KZ-Gedenkstätte in Rufweite
zur Jugendstrafanstalt. Oder die Elbe führte Eis und im
Krach der Drift verstandet ihr euer eigenes Wort nicht.

Zwischen zwei Bildern

Ich fälle die abgestorbene Zierkirsche
und trage Stamm und schwarzes Geäst
mit einer Hand aus dem Garten, so leicht
ist diese Tote. Als der Goldregen blühte,
Vorwand, gelber, jährlich wiederkehrender
Hintergrund fürs Familienbild, zitterten
noch drei Blütenschnipsel an einem Ast.
Dann nichts mehr zu finden. Gerippe,
das alles Gras im Umkreis schwärzte,
pilzbefallener Blattlausfänger, Störer
beim Manövrieren mit dem Mäher.

Winzige rosige hautweiche Blätter,
eine Krone mit Schultern und Hals
und eine Borke hatte sie, goldener
kein Goldregen die ganzen Jahre.
Ich lege den fauligen Stumpf frei,
zerhacke Wurzeln. Der Spatenstiel,
Stiel der Schaufel gehen zu Bruch,
dann also die Axt, und diese Technik
hat Erfolg. Ab jetzt können wir sagen,
der schwarze Graskreis auf dem Foto,
ja, da stand sie, das war die Kirsche.

Die Eden-Sichel

Kein Stein weiß einen andern zu erweichen
Nach Ingeborg Bachmann

Nie wieder Streit, hieß unsere Parole,
jahrelang vertrauensbildende Maßnahmen,
jetzt kam ich zu Besuch ohne ein Geschenk.
Unsere Mädchen waren die Blumen, unser
Steingarten mein Zeuge. Ab April würde er
mich verleugnen, es gab bessere Gärtner.

Dick und tattrig der Hund, wir lockten ihn
an den Ententeich, er hieß das Mückenbüro.
Der halbe Wald lag gefällt, du mit Schönheit
betupft. Jetzt war der Himmel blau und nur
eine Ansicht über der Pendlersiedlung,
keine Farbe musstest du mehr teilen.

Rot, Grün, es gab Wassermelone, komm.
Selbst die Magnolie nickte. Ich fand bitter
die Schicht zwischen Schale und Fleisch,
und du verneintest, aber teiltest das Nein:
Sie war wässrig, ja, vielleicht sogar bitter,
die grüne Sichel schmeckte nach Gurke.

Krötenperspektive

Ende Mai, der Goldregen gibt auf,
er wirft das gelbe Handtuch ins Gras.
Nacht, die Küche gemacht, sie schreibt
und er schreibt, wiederum alles verziehen.
Auf den Fliesen der Hund zuckt, die Läufe
wollen nicht laufen, wohin auch, Träumer.
Quakend liegt der Rasen im Dunkeln.

Verlangen

Im Fernsehen, im zwanglosen Rahmen,
die goldene Schale voller Skorpione:
Jerusalem. Kinder, die da Brocken
schleudern, und Verschleierte,
ich weiß nicht, nicht zu erkennen,
ob Mann oder Frau, stellen die Steine
hin gleich körbeweise.
                              Die Tage waren so blau.
Raus, rumgondeln, wenn am Nachthimmel
Wildgänse schwirren. Schalt aus, fahr
gleich los. Und fliegt ihr Schatten
unter Saturn durch, zähle,
drei, sieben.
                    Kein Rahmen
das ungleiche V, in der Tiefe
keine Grenzen, Horizont Verlangen,
allem, vor allem Leblosem
noch zu entrinnen.

Der Nutzen von Glas

Auf dem Sockel des Spiegelschranks
saß ich mit Zahnschmerzen als Junge.
Bis ich lachte, weil Oma mich küsste.
Ich sehe ihr in die Augen, Porträt
in einem Litzmannstädter Büro.

Sag du mir, wie das kommt –
erklär mir den Nutzen von Glas.

Unter der blauen Stoffschräge
drehe ich das schwere Gesicht
in den Spalt Sonne: Fieberwelt ...
Linden halten den Duft bis Oktober,
dann langt eine Brise, und er erlischt.

Sag du mir, wie das kommt –
erklär mir den Nutzen von Glas.

Bei Nieselregen in der Bürostadt,
glänzende Hofbäume. Dein Anruf,
und ich höre es prasseln im Garten,
doch bin in der Bildschirmgegend,
verschickt in beschleunigtes Land.

Sag du mir, wie das kommt –
verrat mir den Nutzen von Glas.

Furie

Ein heißer Wind,
ein letzter Sturmstich,
und mir zittert das Gesicht.
Der Altglaslaster, am Haken
Container, er drischt den Schall
flach über die Koppel, Schwalben
fliehen und der Fledermausalbino
in die Reihe Pyramidenpappeln.
Seit Monaten beobachtet, da,
Gebüsch, Tor am Wald,
du graulila Furie
schwingst.

Berberitze

Meinst du nicht, es ist Zeit, dass wir
uns wieder mal begegnen? Retour unter
den Wolken vorbei im Zug. Gut, wie mich
heimzieht der Kopfhautduft der Kleinen –
meinst du nicht? Daheim wartet Hitze,
der Rasen auf seinen Schnitt zwischen
zwei Güssen. Wartet, dass ihre Glut
ich beachte, die strenge Berberitze.

Ein Unterschied zwischen Fischreiher
und Fischreiherfotografie: Bleib stehen,
mit Glück gönnt er dir einen Augenblick,
ehe er kippt, kippt und fliegt. Im Rahmen
das Bild überm Büfett bleibt unbeirrt.
Und so lang, wie der Reiher am Feuer-
löschteich zaudert, steht der Sperling
in der Luft überm Brotkorb und schwirrt.

Ich wünschte, Entzauberung würde segnen,
es prasselte unser Stress in die Büsche und
knospten die Sorgen. Ich wünschte, wir hätten
das Haus mit Disteln möbliert. Die Konten
vertrocknet und aus Bildern würde es regnen.
Meinst du nicht, Berberitze, mit der Wild-
rosenjacke, dem Schal aus Forsythie, es ist
Zeit, dass wir uns wieder mal begegnen?

Die Hülsenbeckschen Züge

Words are trains for moving past what really has no name.
Prefab Sprout

Wir pafften im Geratter vorm Garagenanbau,
und Großonkel ging in den bebenden Garten.

Auf ein Rohr vor das Gewächshaus gepflanzt,
ein Frisörstyroporkopf, um die Kids zu verjagen.

Tante spielte, Akkordeon für alle! Zug um Zug
preschte durch die schaurigschönen Melodien.

Und sie riefen: Eiben, Fichten, Eschen, Thujen.
Unsere schöne wilde Rose und die Berberitze.

Allen Baumbestand und Büsche weggeschlagen
für Drainagen unter unserem neuen Bahndamm.

Ein Bild für allen Trost

Wechsel ins neununddreißigste Jahr
mit Körperbaustellen. Eisregen,
Blutabnahme. Flieh, flieh
mein Freund, die nachgeahmte
Furcht vor Übelkeit und Ohnmacht,
schau aus dem Fenster …
In einem Jeep bellt ein weißer Hund,
und die Nadel, wahrlich,
dringt ins Fleisch. Rasche Wolken,
über Supermarkt, Praxen, Bank.
Im Herzen des Versorgungsareals
dienen sie der Sprechstundenroutine,
sie schlucken deinen Schmerz,
schenken dir ein Bild für allen Trost:
ein Klappschrank, ein rostiges Scharnier.

Grüner Vogel Zweifel

1

Der letzte Gang in den gefrorenen Garten,
Geräte und Sandkasten entsorgen. Die Axt
zerhackt ihn, sein Holz wird wieder Zeder,
aber im Sand, eine winzige Düne aus Staub,
da steckt eine grüne Indianerschmuckfeder,
und Spiele, die Sonne und die Verkleidung,
sie kommen mir deutlicher wieder mit jeder
Schippe in das zahnlose Schubkarrenmaul.
Vergiss nicht die letzte Post, vergiss nicht
den Beutel am Heizungshaus mit entweder
Rechnungen oder Reklame. Ich lese Laub,
Gras, in Gebüschen das Knospenalphabet
und taste in der Tasche die gerettete Feder.

2

Du hast ja selten von Landschaft geredet,
und Tiere sind dir fremd. Mir reichte schon
ein Taschentuch Gras, deine Hand, dann
laufen, bloß laufen. Alles, was ich sagte,
ist wahr, ich konnte es nur nicht beweisen.
Mir schien, wir verstehen uns über das Grün.
Und noch in meinem möblierten Nachtigallen-
gebüsch singt wer von unserem leeren Haus,
dem abgeschliffnen Parkett, Laub aus Staub,
von Staubarabesken und meinem Gesicht,
an die Scheiben gepresst. Was du sagtest,
ist alles wahr, nichts, was es nicht bewiese.
Sing, Vogel, sing, du grüner Vogel Zweifel.

Sieh ihn an

Lügner, in seinen leeren Augen steht es,
er betrügt selbst beim Erraten eines Vogels.
Die lausigste Krähe ist schon eine Weihe,
und jeder Blitz gilt nur ihm,
so rettungslos ist er verlogen
und verloren.

Er betrügt sich um die Sicherheit des Zufalls,
die freie Sachlichkeit, die deine ist.
Mit blauen Augen wird er sie verklären,
erst heilig, dann klebrig
wird er dich sprechen wollen
und sprechen.

Er lügt. Weder bist du ein Naturschauspiel
noch Höllenbraut, und er hat nicht das Zeug
zum Teufel. Sieh ihn an. Er weiß,
dass immer etwas kommt,
das selbst so einen retten will
und rettet.

Stipendium

Zwischen aufgebockten Trucks
der Wäscheständer mit Plane,
Zimmer von Felge zu Felge.

So wunderbar, die Vögel
schwirren über kahle Wälder,
Wildgänse und Schwäne.

Der Lehm duftet,
er ist weich,
und ich bin nicht allein.

Die Pferde der Hölle
kommen ganz nah,
sie suchen nach Brombeeren.

Ein Ritt zur Schrottgrenze,
vielleicht morgen,
vielleicht ja, vielleicht nein.

Ich habe die Bücher
und presse sie an mich,
solange es regnet.

Für Hendrik Rost

In Dassendorf im Regen

Ein Einarmiger
mit einem Klumpfuß,
in Dassendorf, im Regen,
trug er meine Reisetasche
und eilte mir vergeblich,
mein Zickzack verfluchend
über die Waldwege nach.

Einen Steinwurf vorm Friedhof
sah er mich, da stand ich
in Dassendorf, im Regen,
hielt mir die Nase zu
und schloss die Augen.
Noch durch den Mund
roch ich die Toten.

Raschelgedicht

Die blaue Libelle, ausgeschlachtet von
den Mücken in senkrechter Siedlung.
Die Mückenstadt schreibt ein Traktat
vom Tod. Und kommen Herbstdüfte,
liegen die Koppeln im dunklen Block,
schnappt der Hund auf dem Weg heim
nach allen Schreibern. Nachtfrostgefahr.
Mein Dorf, mein Bach, Raschelgedicht,
geht mir zur Hand, zu Fuß bin ich ruhig.

Oktober, November, April

Laub, als unterschreibe den Frachtbrief
ein Zilpzalp und zwitschere heiser Oktober,
so schickt das Gras seinen Saft die Äste
hinauf ins Gezweige. An Apfels Stelle
auf der Wiese die reizbare Hortensie,
die Wasser verwittern macht, süß,
kalt und blinkend. Im Wespenchanel
verfügt die Blumenbeamtin November:
Aus dem Gedächtnis fahr ein Gewitter.
Glücklos hängt ihr der Klee an den Lippen.
Die Nebel kriechen in die Birnengärten.
Mit Fäustlingen reiner Verzweiflung
bin ich ein altes Schneegestöber
und rühre unseren Gong: April.

Himmel

Viele gehen verloren, aber
ein Vogel wird der Vater sein
unter den zehn Wildgänsen.

Ihr V fliegt früh nach Süden,
am Abend kommt es zurück.
Zweiter Schwarm, kann sein.

Vielleicht sind es dieselben!
Eine Schneewand vielleicht
hat den Himmel blockiert.

Hoheluftchaussee

Rettung erhoffte ich an diesem Fenster:
Es schneite für Jahre, neun Jahre exakt
ist es her. Im Eis der Hohen Luft kenterten
Autos und sandten Notrufe im Blinkertakt.
Jahre her, ein Moment, den kein Gedicht
rettet, es sagt bloß: Das erinnert mich ...

... erinnert mich an zwei Kinder, die abends
Seil sprangen, ihre Geduld sollte man haben.
Kaum größer als Möwen, die durch die Allee
und über den Hof segelten, waren die beiden,
sie hatten rote Anoraks an und aßen Schnee:
Ihr Essen schneite auf die Brombeerzweige.

Für Sabine Gruber

Märchen

In den Schnee gescheucht
den dritten Winter,
ich habe das Schlafen neu gelernt
und freundlich wie Wasser zu sein.

In den Schrank gerammt
stand ein Einhorn
nachts in dem möblierten Zimmer.
Sein Wald war nur noch Märchen.

Da tanzten weiße Mücken,
krochen Füchse zu mir
und schnappten auf dem Kissen
nach meiner Gurgel Leere und Groll.

So kam es, dass ich einschlafe
mit niemandem und mit Gespenstern
aufstehe: Morgen, neuer Tag.
Die Häuser haben Augen.

Rondell

Teppich Eisschlamm, Möbel Speiseölkanister:
Fällt schwer, sie anzusehen, und fällt schwer,
sie nicht anzusehen, am Bahndamm die Baracke,
in der wir leben könnten, so wie wir jetzt sind,
du, ich, drei Kinder und ein alter gelber Collie,
leben könnten, so wie wir jetzt nun mal sind.
Fällt schwer, sie nicht anzusehen, und schwer,
hinzusehen, zur Baracke am Bahndammrondell,
Möbel Speiseölkanister, Teppich Schlamm und Eis.

Eine Ewigkeit in Schwelm

Im Augenblick, als ich zur Uhr sah, blieb sie
stehen. Da waren schwarze Blöcke
im Schneegestöber, Eingang
zu drei Tunneln,
                    Tunneln,
Tunneln am Ende des Lichts:
Der Ostwest-Express raste heraus,
vom Marais bis nach Moskau und zurück
Eisblumen, Eisblumen an den Fensterscheiben
aller Waggons, für alle Zeit
Eisblumen.

Die Bettler vom Terminal

Selbst die Bienen wollen schlafen,
stand in der weit gereisten Zeitung,
mag sein, ich habe mich verlesen,
müde, wie ich war im Flieger
überm Meer. Hielt ich nachts
mein Baby im Arm und massierte
der wimmernden Träumerin Rücken
und Beine, war all unser Seligsein
taub von dem doppelten Mangel.
So träumte ich, eingenickt,
von dem gefrorenen Garten,
wo Blumen fehlten und Sterne
und Tiere in der Stille summten.
Süße, schlaf! Bis sie erfrieren,
glauben die Bettler vom Terminal
wie die Bienen in der kahlen Platane,
es gibt die Liebe, solange sie sammeln.

Die Bachstraße

Als ich die Kälte der Jahre fühlte
und auf der Ausklappcouch schlief
unter der Decke mit Fabelwesen,
irrte ich in langen Träumen tief
durch einen Wald, von dessen
Bäumen ich keinen irgendwo sah.
Beim Aufwachen war da Wind,
Regen, die Bachstraße. Alles war
ein Morgenkuss und ich ein Kind,
das mit den Silberfischen spielte.

Die Taubenuhr

> *Ich halte hier ein Weichbild fest, das auch ohne*
> *mich vollständig ist.*
> Joseph Brodsky

Für Felix Philipp Ingold

Das Postamt am Ende der Welt hat geöffnet

i.

Der Taumelweg der sterbenden
Wespe, ihr kriechender Gang
über den Bahnsteig, woran denn
erinnert er mich so, lang
nachdem ich davongefahren
bin? Mir Blinzler in Sonne
bei Regen über den schweren
grünen Eschen im Wind kommen
Waggons – Rangiermasse – zu Hilfe:
Ende, Aus, keine Frage von Wille.

ii.

In der Pastelaria, dreiundzwanzig Uhr,
die Blonde mit dem Raubtierhemd
poliert die Vitrinen – keine Spur
von Falsch zwischen uns fremden
zwei Heinrich-*Heinrich?*-Nachfahren:
sie des Seefahrers, ich des IV.
Der Rest bliebe anzubahnen.
Wer weiß, wohin das führte …
Sie lacht: Wisch dir das Weinen ab.
Ich: Warum? War ein herrlicher Tag.

iii.

Ich schau in: den Spiegel, jenen
trüben Notausgang zurück: nach hüben.
Kein Durchlass! Scherben … Tränen …
Was ich sehe, muss ich nicht lieben,
aber tu's, weil du neben mir sitzt.
Deine Sonnenbrille im Haar blinzelt uns
zu, spielt mit dem Spiegel, wie jetzt
der Überschalljunge durchs Bild düst, ganz
die fahrige Mutter hinter dem Tresen –
lang nicht mehr in deinem Arm gelegen.

iv.

Als stünde die Zeit still, weil Tauben
vorm Ärztehaus Sekunden zerpicken.
Sehkunden … Mein Arzt untersucht Augen-
hintergründe – ob ein Star sich entwickelt.
Und du schilderst mir das Geflatter
auf dem Platz mit der kaputten
Uhr: hohler Sockel, Holzplatte
als Dach. 60 Tauben, 60 Minuten.
Ich: Sind da noch Zeiger? Du: Nein.
Geblendet hör ich das Schwärmen, heim.

v.

Der Junge, der im Busheck telefoniert
mit Mädchen und sich den Freund
– dunklere Stimme – dazuimitiert,
einen Vermittler: so unversäumt
frei erfunden mit dir reden!
Schluss mit dem Perspektiven-
gezänk an einem jeden blöden
Freibadnachmittag! Schliefen
im Windzug, der durchs Fenster strich:
Hallo, weißt du noch: das Grün, das Licht?

vi.

Falsche Akazie, du hast keine Chance,
in einer geordneten Jenseitsarchitektur
verlässlich Unterkunft zu finden, ganz
wie ich, der ich dich zur Sonnenuhr
erkläre mangels Licht, mangels der Sonne!
Also bleiben wir beide wohl hier, diesig,
diesseitig, du mit der nackten Krone,
ich kopflos, du dortig, ich hiesig,
du vor und ich hinter dem Fenster,
so blass, so raschlig, echte Gespenster.

vii.

Es gibt von Brennnesseln durchschossene
flimmernde Wege im Juli der Vorstadt,
wo du den glühenden Körper verlassen
und sie löschen kannst: deine Urgestalt ...
Fleet, Brunnen, Tresen der *Dschunke* –
Einer sitzt da im Sternhagel – sein Lohn –,
hat den ganzen Nachthimmel getrunken
und kühlt an der Trans-Neptun-Population
seinen Brand – umsonst ... Kannst du's?
Wenn du noch eine Träne übrig hast, tu's!

viii.

Im Nebenzimmer der Wellenreiter
hat recht: Besser, ich verheulter Patient
zehre – bei aller Liebe – nicht weiter
von Tränen. Sonst heißt's noch, der flennt,
bloß um *Die Taubenuhr* zu schreiben!
Es stimmt schon: Los, die Augen auf,
denn das kann ich allein entscheiden.
Lass der Schwerkraft ihren Lauf, lauf,
lauf durch den Regen, nur erzähle …
Für die Träne ist die Wange die Welle.

ix.

Leb also wohl, getriebene Seele,
Perle im verkümmerten Ohr.
Finde heraus, was ohne dich fehlt,
und gib's zu – oder gib es verloren.
Inzwischen will ich etwas retten:
die Qualle, das durchsichtige Wort
Treue … und Wogen glätten.
Bin dir durch Jahreszeiten gefolgt;
der erste Herbstregen (*Eivissa*)
schließt den Kreis, das Meer glitzert.

x.

Wieder einen Stempel auf der Hand
und an der Theke der *Kobra Bar.*
Nichts, was sich jemals dort fand,
nichts, was je von Dauer war.
Hallelujah, J & B, was hält länger
als die Flasche eines Massenweins?
Liebe. Ehe … Vergessen, Verdrängen!
Halb Kind, halb Greis, sich selber feind:
Seit der Kobra Bande im Kindergarten
Warten auf ein Ende des Wartens.

xi.

Hinter der Wand das wimmernde Kind
soll lernen zu schlafen und jammert.
Zwischen uns liegt unseres, Atemwind –
alles getrennt und alles zusammen,
und draußen beginnt es zu schneien,
Flocken so dick wie nie mehr wieder
wirbeln in meine Träume hinein,
in deine und die der Kleinen, Glieder-
kristalle, die einknicken und einschlafen.
Und drüben die dunklere Stimme, die Strafe.

xii.

Die Wespe stirbt im Schnee und lebt
weiter: Ich empfange Summen,
im Mantel die Sprechimme bebt –
ein sanfter Druck, Verstummen.
Mein Schwarm da draußen, ich höre …
die Standuhr im Haus ihrer Eltern,
Grippe der Mädchen, Kontenmisere.
Liegt Schnee? Nein, es wird aber kälter.
Und hier? Tauben kreisen, es schneit,
die Uhr wird weiß! – Die Zeit hat Zeit.

Das Postamt am Ende der Welt hat geöffnet

Was sagen die Delfine

Ein Streit, ein Fußmattengewitter,
zwei Paar gestreifte Handtücher
und auf dem Handydisplay Daten
des Kinderwochenendes bleiben.

Und hoffentlich das Delfinarium,
halb offene Halle unter Bäumen,
darin sprangen sie, schnatterten
und kickten Ballons in die Wipfel.

Das Auge, ihr Lächeln, das Silber,
was sagen die Delfine?
                    Sie sagen,
was ein Sprung ist, ein Flug, Wind
im Kinderzimmer, wenn es stürmt.

Phantasma

Nervös vom Flug über den Fluss
kommen auf dem warmen Wind
Spinnen, nesteln in den Winkeln
und lesen in der Staubzeitschrift,

auf der Insel für die Rangiergleise
ist das Wasserflugzeug abgestürzt,
vertraut wie ein ferner Verwandter,
an Bord ein Junge wie mein Sohn,

und in derselben Morgenausgabe
bebilderter Bericht von Spinnen,
Glasfassaden, Magellanterrassen,
in der Hitze in Netze gesponnen,

überlassen wir die Tastatur ihnen,
Leben, so lange sind wir gefangen,
sollen Spinnen darüber schreiben,
ich sehe das Fenster und schauder.

Dorn einer Nelke

Misslungene Selbstoperation,
da lag ich im kühlen Mai,
jemand im Hof schoss auf Elstern.

Der wochenlange Regen
trieb alle in sich zurück,
Löwenzahn und Zorn wuchsen.

Wütend sah ich die Vögel
und hörte, sie singen, Drosseln,
Stare, ihren Nesselgesang.

Und vorm verschwimmenden Fenster
im Laub der Falschen Akazien
wetzte die Hoffnung die Messer.

Seit Wochen den Dorn einer Nelke,
den Niemandsdorn im Finger,
Nelken sind wehrlos.

Die Wiese mein Brusthaar,
Atem wiegte das trabende Gras.
Poch, grünes Blut, poch weiter!

März in Kleinportugal

Wach auf, Weichling,
wirf einen Blick hinaus:
Ein Film wird gedreht –
Männer in Windjacken,
die Antenne am Ohr,
tigern auf und ab …
Genug, lass gut sein,
ein Rotwerden noch,
dann war es einmal.
März in Kleinportugal.

Schleich aus dem Haus …
schon blafft einer dich an,
der Zwerg auf dem blauen
lächerlich kleinen Kran.
Möwen segeln durchs Bild.
Die Umbaupause. Jetzt,
geschenkt ist der Tag –
Sing der dunklen Kamera
deine Molluskenlieder,
Schnecke, sag: Nie wieder.

Finnischer Prospekt

Herrlichkeit, der alte Niederhafen,
wo mein Cousin in der Zeit Runge
lebte und heute auf dem Architrav
am Vorsetzen lang die eiserne Lunge
der U-Bahn in die Einkauf-City keucht.
Schuten voller Astwerk. Vier Tauben
flattern auf überm Fleet, und vielleicht
weiß ich, wohin es mich zieht, nur glaube
dem breiigen Prospekt nicht: Ferne, Magie,
»Reisen und Rätsel« – es gibt kein »Helsinki«.

Kondopoga

Anfang Oktober Winterbeginn,
Birkenmoore. Birkenmoore
im Dunst der Zellulosefabrik,

Girlies auf Glitzerpumps
stöckeln über Schlaglöcher
zu einer Rostlaube im Garten.

Da lehnen Männer an dem Wolga
und kippen einem Schäferhund
vor der Baracke Wodka ins Maul.

Alle zehntausend Seen sind grau.
Groß wie ein Meer ist der Onega
und Murmansk einen Tag entfernt.

Bei der Holzkirche am Wasserfall
tosten zu Parteizeiten die Baumstämme
wie Breschnews Panzer die Suna flussab,

wo jetzt der Ministerialbau steht,
wuchsen Hagebutten und Heckenrosen,
so war es. Aber jetzt ist es anders.

Eine Elchkuh ertrinkt, dazu fiepen
elektronische Autotürverriegelungen,
und vorbei wankt blau ein Trolleybus.

hinter verrußten Scheiben durchs Getto
zur arisierten Gentleman-Gummifabrik
von Lodz Tram fuhren. Blockade.
Leningrad. Die Krähen
über der Auferstehungskirche.
Da waren Leonardo, Watteau, Friedrich,
Fragonard und Runge, vor Mausfraß
bewahrt von den zweihundertzehn
Katzen im Keller der Eremitage,
und da war Gauß' Sternwarte
beim Anflug auf Pulkowo.
Kasaner Kathedrale,
der Duft und die Leere,
verlassene Tragflächenfähre.
Sommergarten und Winterkanal.
Das Haus für Graf Orlow in Rufweite
Katharinas – Favorit, sagte die Dame
mit dem Pullunder voller Geranien
und fragte: Was kritzeln Sie da
eigentlich in das schwarze Heft?

Drei Tage in Greifswald

Am Ende der Kopfsteinpflasterallee
steht eine Linde. Männer auf Leitern
klettern durch ihre Krone und sägen,
und Krähen kommen und setzen sich
auf den Kran. Diese Linde stand hier,
als Friedrich und sein Bruder als Jungs
zum überfrorenen Fluss hinuntergingen,
Schlittschuh laufen, und stand hier noch,
als meine Großmutter in die Stadt kam,
schwach vom Typhus der Lodzer Baracke,
noch nicht schwanger mit meiner Mutter.
Nichts friedlich, nichts sonnig, jeder Tag
wie ein Zahnarzttermin im Freien in den
Lücken der in Klump gegangenen Häuser.
Hier kam meine junge Großmutter durch
auf der Flucht vor den Russen im letzten
Panzer aus Litzmannstadt, wie sie sagte,
mit Merri, der Tochter des Metzgers,
deren Haar in einer Nacht weiß wurde.
Mach dich vertraut mit einem grünen
Fleck, sieh ihm zu, und er verschwindet
unter Stein und Beton oder, schneller,
in deinen eigenen Augen, sagte sie,
und liebe jemanden, lieb ihn innig,
und er wird zum Bild, wo er verblasst
und sich bald nichts mehr befindet.
Am Ende der Kopfsteinpflasterallee
rauschend im Wind und in dem Nebel
der Baum, noch grün, mit seinen drei
Vornamen Friedrich David Caspar.
Man meint, einen Esel zu hören,
doch es sind bloß eine Schaukel,

ein Kind allein auf einer Schaukel,
die schreit, und Ohren eines Esels.
Ein Boot kommt herein auf dem Ryck.
Am Ende der Kopfsteinpflasterallee
der Baum, der Bodden, die hellgrauen,
die dunkelgrauen und die nebelgrauen
Streifen, wie Friedrich sie gemalt hat,
die Linden, wie sie aus der See ragen.
Unsichtbar ist das Meer in Greifswald,
und überall die Nebelkrähen, sagte sie.
Der Junge lief Schlittschuh im Nebel
über dem Meer und sah zu im Nebel,
wie sein Bruder ertrank in dem Nebel.

Die Frage zurück

Die beste Antwort
auf alle Fragen,
frag zurück: Und du?
Ein Goldammergelände,
in Mitte, und Rohrdommeln,
Charlottenburgs Lummen.
Aber ein einbeiniger
Storch im Heufeld
kurz vor Berlin,
wittenbergesche
Plattenbauschwalben.
Gesehen, die duldsamen,
apfelgrünen Fasane
Ludwigslusts?
Und du?

Für Gerald Koll

Leipzig, geschenkt

Hier standen Kling,
die Frauen und ich.
Echt mies die Luft,
Baustellenleibzisch,
Innenstadtzerbombung,
aber das Gespräch gut,
ganz schmal und nobel
der laute Mensch Thomas.
Weiß noch, mir träumt
in der Nacht darauf,
mein Gott, die Frau
im Arm, lange her,
Kling, die Frauen,
wir machen Musik,
Lärm. An der Orgel
ich, Frauen Gitarren, er
im Flaschenbodenhemd
wispert die Lyrics, packt
den preußischen Punk aus
Aichingers verschenktem Rat.

Für Ute Langanky

Chemnitz

Garten himmelblauer Wäschestangen,
verbunden mit Bindfaden, die Spule
baumelnd an der Tür zum Schuppen.
Darin lag der Sterbende, der flüsterte,
indem er fest meinen Ellenbogen griff:
Jeden Tag nutze, um ein Stück mehr
der Herzog von Savoyen zu werden.
Auf den Gipsverputz der Eisenkrampen
in der Sterbeschuppenwand schrieb ich:
Marquis Bonné, Karl-Marx-Stadt 1746,
während mein Großonkel, der wirklich
groß, außerdem bleich und knochig war,
die Alpenschlacht von Assietta erzählte.
Zwischen den Pfosten tanzte die Wäsche,
und insgeheim liebte ich meine Cousine
Heike, Comtesse von Langburkersdorf,
als das schwarze Fenster zu Bruch ging
und der Ball im Keller erst ihr, dann mir
ins Gesicht knallte. Worauf sie flüsterte,
indem sie fest meinen Ellenbogen griff:
Ich hasse euch. Haut ab, geht zurück
in den Westen zu euren Modellen.

Prager Singsang

Woher das Licht? Kein Gold
kennt die Antwort. Woher das
Gold? Und kein Fluss weiß.

Unter den Brücken, über der
Moldau die Zeichenwut der
Mauersegler sagt es vielleicht.

Die Nelken, die Gärten;
die Pappeln und Birnen;
bestimmt ahnen es Blüten,

Staub auf den Schultern,
Steinchen und kleine Zettel
auf den Gräbern im Gras.

Für Farhad Showghi

Ibeka

Die Talmilch ist hellblau insgeheim,
und die Tasse verrät nichts. Du trinkst
und trinkst bloß den Mund leer, du glaubst
selbst beiläufigen Kummer zu hören und
scheinst endlich zu sehen. Insgeheim
Innsbruck: Ich sehe, was ich liebe,
in einem anderen Licht.

Für Christoph W. Bauer

Rabenorakel

Wenn du mal entgleist bist
mitten auf dem Praterstern,
frag die Krähen am Belvedere,
wie weit du segeln wirst und ob

lang hinzuschlagen schmerzt
in einem umgepflügten Park,
wo ein kleiner treuer Bagger
seinem Vorarbeiter nacheilt,

ferngesteuert und wie du so
Schlosshund, bloß auf Ketten,
ach bitte weine nicht, soll doch
Gustav Klimt mit Sonja Knips

erknobeln, ob du liebenswert,
und da du's zweifellos bist, frag
am Belvedere die Raben gleich,
ob diese deine Liebe dich verdient.

Kölner Herz

Sie zog das Kajal aus
der Boutique in der Allee
der Heckenschützen nach,
bestimmt hatte sie Chargen
von Männern verschrottet,
so herzlos ballerte sie uns
bayrische Speisekarten hin:

Mhorrüben. Lass uns reden,
Ratschläge tauschen, oder
besser von den Kids erzählen,
Moses, Nick … während das
Rheinrinnsal bei Deutz runter
Ausflugsdampfer schrammen
und eine Megafonstimme brüllt:

Der Gürzenich! Sie sah genau
wie Catherine Zeta-Jones aus,
als sie uns *Kanödel* brachte,
mit Herz gekocht, lachte sie.
Was immer du mir rätst und
was ich dir auch raten kann,
– das Herz weiß es besser.

Für Thorsten Krämer

Sag dir zweierlei

Sag dir, schuld an allem sind sie:
Anfälle von Schwermut, Attacke
Kleptomanie, da überall aufhört,
was nie recht begann. Umgekehrt,
es muss etwas endlich beginnen
und endet und endet nicht mehr.
Sag dir, schuld an allem bist du:
Verweigere jeden Beitrag, kliere
Tischnachbarn auf die Serviette,
hamstere das ganze Amsterdam,
betreibe ernsten Wasserhandel
mit der Moorlandschaft Gemüt.

Tee in Baile Átha Cliath

Wasserkocher auf dem Zimmer,
  Instantdarjeeling,
Tassen, niemand da
      für ausgedehnte Zeremonien.

Wäre doch nie Sommer geworden.
  Draußen, Dublin
war nicht nach Heißgetränken
      im Drury Court Hotel, Room 17.

Geh du auch raus, sagte ich mir,
  eine Thermosflasche
kauf dir an der Fleet Street
      in dem Hong Kong Outlet Magazine,

und mit dem heißen Chromzylinder
  setz dich ins Gras.
Sei sicher, dass sie kommen
      durch die Luft von St. Stephen's Green,

schwarz, weiß, schillernd im Licht
  wollen sie sich spiegeln.
Lass dich nicht verscheuchen,
      vertrau den alten Elsternstrategien.

Die Gewalt der Gedichte

The base of all inks and pigments is seawater.
Seamus Heaney

Ein warmer blauer Sommervormittag,
  von den hölzernen Kais an der Liffey
schnappten sich Möwen die Brotrinden
  und weichten sie im Schlammwasser auf,
und beglückt von der Raffinesse der Vögel
  schlug Paddy Haughy Mick FitzRoy vor,
  am Merrion Strand schwimmen zu gehen.
Sie kauften Bier und trotteten zum Zug.

Ein silbernes Flimmern in der Luft,
  im Nachbarabteil gestapelt Kartons,
und an den Fenstern vorbei schossen
  die Möwen gleichauf mit dem Waggon,
in dem Haughy und FitzRoy durstiger
  von Halt zu Halt plauderten übers Meer,
  Nachmittage in ihrer Kindheit am Meer,
Atlantizismus und Gewalt der Gedichte.

Grün gewesen war der Himmel immer,
  kam ihre Schulklasse nach Blackrock,
um da auf den Bus zum Strand zu warten.
  Umschwirrt von Wespen fragte Paddy:
»Warum beschreibst du das nicht mal?«
  Mick zog an der schwarzen Zigarette,
  sie tranken, sie summten, es war heiß.
Der Bus stand da, Möwen auf dem Dach.

Ein Spiegel aus Gold überm Asphalt,
   durch den die Jungen, die sie mal waren,
und die Toten, die sie begraben hatten,
   wankten zu dem leeren Bus. Haughy klopfte,
und die Tür flog auf – »Wann fährst du?«
   Der Fahrer gähnte, ob das da FitzRoy sei,
   der Dichter, und als sich der verneigte,
sprang der Motor an und starteten die Vögel.

Der mallorquinische Hund

Das also ist die Insel des greisen Mischlings,
trottet die Doppelpapageienpromenade hinab
mit einem hellblauen und einem braunen Auge.
Im zitternden Spiegel sieh die Berge von Artá,
Albert Camus' Route heute Clubmeile, und dort
die Bucht tätowierter Kinder, da schweigen sie
einander zu, sie lieben. Paare: Das sind Brüste,
das blaue Federn, das ist freundlich, das Ferne.
Wie Abendmaschinen kommen Gewitter herein.
Die Terrasse ist nicht fremder als die grüne See
draußen am Kap Farrutx. Das also heißt Glitzern.
Die Schale hat Blüten am Grund, wenn du lebst,
wenn dich leben lässt der mallorquinische Hund.

Erscheinung

Vorm Betonrund des Holiday Inn
der Stadtwald von Frankfurt ...
In Kopfhöhe flattern Tauben:
Hintergrund eines Porträts.
Es sieht aus, als sackte da
einer in die dunstige Leere,
als fiele da wer im Nieseln
auf eine neblige Lichtung.
Nichts passt durch anderes
hindurch. Etwas bleibt immer
zurück. Und weil jede Mauer
eine Tür ist, wie die Zeit erweist,
musste ich es sein, der da stürzte
und in lauter kleine Teile zersprang,
ehe ein Bild von der Landung gelang.
Ich stand an der Brüstung und fiel nicht,
da fiel ich aus der Maschine am Himmel.

Für Nadja Einzmann

Flug nach Guadalajara

Ich flog über Friesland, Schottland, Island,
dann übers Meer bis Neufundland, wo
Eisberge, Gletscher, Stunden nichts war,
Wald, in Tälern, Schluchten, verschneit,
silberne Seen ohne Spur, eine Siedlung
oder nur Straße, bis der Fluss begann,
plötzlich da und von dem ich dachte, das
muss der Hudson sein, der Hudson River.

Ich flog den Hudson entlang südwärts.
Die Silberseen von Labrador schienen
sich ergossen zu haben in den Strom,
von der ersten Brücke und immer neuen
Brücken für weiße Wege und Straßen
gequert, mit jedem Nest breiter und breiter,
ein Band bewaldeter, dann besiedelter
Inseln in einem immer silbernen Wasser.

Ich flog auf ein doppeltes Meer zu, da –
verschwand seewärtsstrebend der Hudson
in Städten von New York und New Jersey,
wo ich landete und es war, als würde ich
nach Haus kommen auf einem der Highways.
Ein heller Vormittag, für mich lange Abend.
Taxis, Güterzüge, Trucks und Frachtschiffe
fuhren in meinen müden Augen durchs Blau.

Ich flog wieder, der einzige Mensch,
mit dem ich in Newark ein Wort sprach,
die schwarze Beamtin Sgt. Maria Grey,
scannte mir die Fingerkuppen und Pupille
und fragte nach dem Zweck meiner Reise.
Durch die Nebeldecke stachen die Spitzen
der Türme von Manhattan. Und in der Luft
in glitzernden Schwärmen überall die Stare.

Ich flog über Hügelland, fliederblütenrot
stundenlang, und wusste nicht, da unten,
im Regen, war das Baltimore oder bereits
Richmond, bis einer meinte, seine Eltern,
sie lebten hier in einem Resort nahe Raleigh.
Ich flog über Nord- und Süd-Carolina, Alabama,
durch Florida zwischen Mobile und Pensacola,
einer sagte Cincinnati. Ich sah den Mississippi.

Ich flog über sein Grün und Brombeerbraun
und weiter über Baton Rouge nach Texas
zum Bush International Airport Houston, ich
flog zwischen allem, was wir brauchen, und
allem, was keiner braucht, mittenhindurch
vom Winter in den Herbst in den Sommer,
ich fuhr durch Terminals und ihren ganzen
aseptischen Scheiß als Mister Quetzalcoatl.

Ich flog über die Videoscreens, schlaflos
Edelsteinzwilling, die gefiederte Schlange,
ich sah im Dauerregen die Pendlerstaus
von Dallas, Monterrey und Tampico und,
kurz bevor es dunkelte über dem Golf,
Lichtermeere leuchten, die Riesenstädte,
bernsteingelb im mexikanischen Hochland,
als ich noch kreiste überm Chapala-See.

Ich flog über den Hiltonturm von Zapopan,
die gelben drei Bögen des Millenniumtors
und Tlaquepaques Gassen mit den Kindern
schlafend in Kartons. Ich flog durch den Smog
von Guadalajara, wo keine Vögel mehr leben,
flog in der Früh vor dem Hotel unters Geäst
des Limonenbaums dort, und da weinte ich,
weinte endlich meine amerikanischen Tränen.

Für Kathrin Scheel und Holger Ehling

Salida

Warum so aufgelöst,
im Dunkeln
nachts,
im Nieseln das Fleet entlang gehe ich heim,
die ganze Stadt schläft über den Bäumen.

Kastanien,
auf jedes Brett
vor die Bücher
hat meine Tochter eine Kastanie gelegt,
das letzte Spiel, eh es zurückging heim.

»Te estraño«,
du fehlst mir,
kleiner Sticker,
am Ausgang von Guadalajaras Kathedrale
legte ihn mir ein Mädchen auf die Hand

mit den Augen,
den braunen
von Sonia.
Es rannte über den Platz im Regen davon,
und zehn Kastanien Mexikos rauschten.

Buenos Aires

29. November, dem Namen nach
dunkelster Tag. In Buenos Aires
war heller Sommer, als ich vorbei
am Obelisken, die Talcahuano und
die Guido hinauf nach Recoleta ging.
Gewittriger Wind durchbrauste die Luft.
Die Kronen der großen Straßenbäume,
viele voller violetter Blüten wie Flieder,
rasselten und rauschten, und oben war
der Himmel wolkenlos blau. Ein Gewitter
würde es kaum geben, seinen Wind aber
gab es, er wirbelte Blütenduft vor mir her,
und auch das Licht: Schnell wie gedimmt
verfinsterten sich Gesichter, Fenster, und
die zerbeulten Straßenkreuzer, unterwegs
nach Recoleta, schalteten die Scheinwerfer
und die Blumenverkäufer in ihren Häuschen
unter den Bäumen die nackte Glühbirne ein.
Das Licht eines Gewitters, das abwartete,
das blendete, als ich zur Basilika kam und
das schwarze Gusseisentor des Friedhofs
im selben Moment ins Schloss fiel. Ein Park
mit Oleanderbüschen und Bänken lag davor,
Wasserverkäufer sangen »Bombon! Bombon!«,
und ein alter Herr spielte dazu auf der Gitarre
immer aufs Neue dasselbe traurig süße Lied,
dem ein Junge lauschte, der neben ihm saß
mit einem Eichhörnchen auf seiner Schulter.

Port Lockroy

Die schwarzweißen Berge
im Nebel, als schickten sie
in die Luft gehängt
eisige Mails, die keiner erhält,
weiterleitet, niemand empfängt.

Das Postamt am Ende der Welt
hat geöffnet.
Tritt ein, kauf Karten,
bekritzel sie und kauf Marken
mit deinem Konterfei.

Sei du oder sei
Sturmvogel, Kreuzfahrttourist.
Wenn du Sir Francis Drake,
Seeleopard oder Gletscher bist,
schick Grüße von Antarktikas Bergen.

Gestern, heute, morgen

Sommerwind

Als ich in den zwei Hohlwegen nach Spuren suchte,
fand ich keine: In der Mulde das zerrissene Kabel
lag nicht mehr da. Die Tragtasche, voller Stricke,
das abgestreifte Paar Schuhe, von dem man las,
lang in Verwahrung. Wespen in den Hortensien.
Die Brombeerhecke. Heruntergelassene Rollläden.
Das Licht in der Garage seit Tagen und die Geräte,
liegen geblieben im Garten, alles ließ sich deuten
als Schmerz derer am Leben. Sommerwind, heiß,
und ich fand die Namen, sie waren reines Feuer.

Die Jahreszeiten in meinem Bad

There are four seasons in the mind of man.
John Keats

Die erste, zart und schmal,
verwundert wie meine Jüngste,
kroch zwischen die Lamellen.
An Lebendigkeit ein Wunder
die zweite, ich fing sie
mitten vom Spiegel.
Mir die liebste mit
der dunklen Stimme,
die dritte, vernarrt
in alles Lichte.
Gerettet hat mich,
deren Fühler ich brach,
die mich kalt ansah
und dabei summte:
Ich bin Wespe,
Wespe, Wespe,
die Winterwespe.

Vogelbeeren

Völlig Umschlossenem Durchlässe erlauben:
Vogelbeeren, formalisierte Produktionsmitarbeiter.
Vogelbeeren. Zusammenfassungen, Antennenanlagen.
Vogelbeeren. Messtechnisch wasserstoffhaltig, Blindgänger:
scharfrandige Vogelbeeren, verlegen, durchwachsen, analog
archiviert. Vogelbeeren. Eine abmildernde, vorgespiegelte
Studentendelegation, schneebedeckte Vogelbeeren.
Umschlossenem zurückgeben alle Durchlässigkeit:
Versteigert, freigesetzt, vogelfrei, Vogelbeeren.
Allgemeinbildung: Vogelbeeren. Klimmzüge
am Abschreibungshotel. Vogelbeeren.

Gitarren

Als wir alle noch Gitarre spielten,
nicht nur für Lehrer spielte ich da
und die Älteren mit den schöneren
Turnschuhen und Geheimverstecken
zum Rauchen, nicht nur für Mädchen,

die mich auf dem Schulhof am Ranzen
rissen, zu Boden schmissen und mir
Brausepulver mit Spucke und Rotz
in die Parkakapuze gossen, als wir
alle Gitarre spielten, da spielte ich

für die offen stehenden Fenster,
Vogelbeeren und das herbstliche
Rauschen der Stare, ich spielte
Gitarre auf meiner Gitarre und
meine Gitarre spielte auf mir.

An einem Tag wie diesem
im Sommer, als du zur Welt kamst,
stürzte ich in ein leeres Schwimmbecken
und fuhr mit einer Gehirnerschütterung heim.

Nach fünf Jahren seiner Unsichtbarkeit
saß dort auf der Couch mein Vater,
und als ich ihm die Hand gab,
war meine Kindheit vorbei.

Anderthalbtausend Kilometer entfernt
kamst du zur Welt und wusstest von mir
so wenig wie ich von dir. Gleichgültig
war mir schon da, wieso in aller Welt du.

Lächelnd verscheuchst du mir alle Spinnen.
Zwischen zwei Ampeln sagst du Dinge
zum Weinen, und mir ist dann, als tauche ich
in das Schwimmbecken von damals und schwimme.

Für Juliette Aubert

Wasser

Wasser ist Fühlen,
der rieselnde Rausch,
wo Reichtum heißt
Verluste weit und breit.
Weiter, weiter, 75 Prozent,
du große Liebe der Trockenheit,
Wasser ahnen und glauben und
wissen in allem den Mund,
sie fluten ein Bergwerk,
tränen und regnen,
damit du nachts
Brücken verstehst,
wo einer niemandem
begegnen, in hohem Bogen
bloß hinunter
fallen will
und fällt.

Ohne Grund

Man will sich ja kein Schiff aus Tränen bauen
ohne Grund.
Du könntest deinen Jammer verstauen,
Tanks mit Bitterkeit füllen und,
heiho, Korsar!
dich dem salzigen Meer der Trübsal anvertrauen.
Containerfreibeuter –
könnte man sein und
heulend an der Reling in die Ferne schauen.
Da flimmert eine gläserne Küste.
Leben bricht dir den Vertrag,
Tod durchkämmt die Heuerliste
ohne Grund.
Ein Schiff aus Tränen könnte man sich bauen.

Für Thomas Kling

Atemmail

hervorgestossnes: atemmail, wie metal aim
Thomas Kling

Wir Entsetzte haben kein Bild fürs Entsetzen,
aber haben uns. Komm und gib mir einen Kuss.
Wenn du mich küsst, verstellst du mir den Blick,
und nicht einmal mehr am Gesicht, das ich liebe,
an deinem *Antlitz*, im Profil vor dem Bildschirm,
kann ich mich beim Anblick der Toten *ergötzen*.
Tote Wörter. Komm und sag etwas, das lebt,
und ich lache Tränen, bis die Pixel zerfließen.
Es ist kein Bild, was man durchschauen muss.
Die Bilder verletzt, durchschau das Verletzen.

Elf Pappeln

Wir wollen bei den Bäumen filmen,
sie dreht das Radio ab und parkt,
und über das lila flimmernde Gras,
vorbei an zwei Eiben voll Beeren,
durch die das Auto blinkt, stapft sie
mit dem Mädchen auf den Schultern.

Der Juni und seine Ruhe, der Juno,
mehr ist von damals nicht geblieben,
der Wandel zum Sommer kommt
spät und rasch, Farben wechseln
hektisch, und pommerscher Wind
bringt dem Elbtal die jähe Blüte.

Elf Pappeln, sie liebt die Reihe,
seit sie als Kind in ihrem Schatten
im Gras der Uferböschung spielte,
Zwitschern in rasselnden Blättern,
Leuchten am Rande der Krone,
Gänseblümchenschwemme.

Die Republik der Silberfische

1

Seit ich denken kann, saugst du täglich
Staub, wischst, putzt, kochst und verkaufst
Düfte, Givenchy, den Hauch der Zeit, L'air
du temps, Ich komme wieder, Je reviens
war dein Mädchenparfum, und du lachst,
siehst du vor meinem Spiegel Aramis,
Größenwahn meines Vaters im Flakon.

Was ist da, weshalb, seit ich denken kann,
führst du gegen den Staub Krieg, seine grauen
Kristalle, Parabeln, Katakomben und Jamben,
willst du den Tod ausmerzen, hm, wenigstens
im Badezimmer die abgeknipsten Fußnägel
in einer gekachelten Ecke sollen die Liebe
nicht überdauern, nicht die deine, endlose?

2

Wunderlich, die Verschwiegenheit und Scham
in der Seele der Silberfische. Sie nagen sich still
wie ein Rechtschreibprogramm durchs Dokument
deines geheizten Bads und bringen, kühlt es ab,
ein neues Alphabet, eine Pflanzenwelt, eine Form
der Zeit oder schlicht: ein getreues Abbild von uns
und von unserem Gestern, Heute, Morgen hervor.

Eine kleine nach Lindensaft duftende Scherbe,
übersehen zwischen Dusche und Bidet, als
du mit dem Coco warfst, ist ihr Treibhaus,
darunter wachsen süßer Schimmel, Salat,
Berberitze und Thuja, Hecken aus Staub
säumen den Krabbelpfad zu einem Spalt.
Er war die Pforte zum Park ihres Palasts.

Dahinter, zwischen Dämmung und Dach,
erstreckten sich Sommergarten und Ballsaal,
Neben- und Gesindegebäude, die Orangerie
und Galerie für ihre Watteaus und Fragonards
auf der Rückseite der Wand mit dem Spiegel:
Bei Licht, zu dem das kleine Radio angeht,
legst du darin Rouge auf, und sie verharren.

3
Entrückt gedenken sie Seiner, den einst Drei zu
Heiligabend, deinem Geburtstag, in der Wanne
schwimmen sahen, Großer Silberfisch, Karpfen,
den die Königin, du!, heraushob und wegtrug,
als das Licht anging und Elvis' Psalm erklang:
You walk like an angel, you talk like an angel,
but I got wise – you're the devil in disguise.

Der Staat der Silberfische erklärte sich darauf
zur Republik und gab sich selbst eine Verfassung:
So lang, wie niemand mehr Ihn sah, heißt es darin,
muss der Karpfen, der Große Silberfisch, tot sein.
Sein Schillern aber darf nicht verlöschen, ein jeder
ist angehalten zu leuchten, trage er seinen Glanz
in die gefahrvolle Weite der Fliesen und Kacheln.

Spielesammlung

Gib mir die alte Spielesammlung zurück.
Es ist die meiner Großmutter, wir spielten
Halma damit, ich legte Brahms' Dritte auf,
sie summte, oder ein Rothenbergerstück,
mi-mi, und das Unglück nahm seinen Lauf.
Als ob Kommoden Spielekartons fühlten.

Also gib mir den alten Kasten bitte zurück.
Jetzt ist sie schon zehneinhalb Jahre tot.
Ich seh sie noch, Rot, immer Rot nahm sie
und fegte mich vom Brett, die Liebe ist rot.
Sie spielte Angriffshalma, mi-ma, ma-mi,
und ihr Summen kroch durch die Glieder.

Was soll der Karton in deinem Schrank.
Gib mir ihre alte Spielesammlung wieder,
dieses Ansichreißen macht mich krank.
Wir halten zusammen, du Grün, sagte sie,
ich Rot, leg auf, die Rothenbergerlieder,
ma-mi, ma-ma, komm, noch eine Partie.

Gestern, heute, morgen

Plötzlich sah ich
zwischen Pappeln
ein lachendes Gesicht,
da war mein Großvater.
Wir gingen nach Haus,
die Hände müde von den
schweren Maronenkörben,
und mir schwebte die Zeit
als Schrift vor, die sich
mit den Muskeln schrieb.

Im Garten lag unterm Laub
das Gerümpel des Jahrhunderts.
Mein Großvater der Funker
im Korps Lombardia, Ligurien,
Verwundetenabzeichen in Schwarz.
Magdolna trieb den Spaten
in Kürbisse aus Butter,
und durch den Hohlweg
flatterten Fahnen von Licht,
Septemberverführung.

Strahl um Strahl
rückte die Sonne ans Haus.
Ich dachte, sie könnte ein Hinweis sein,
und dass ich den Uhrzeigersinn gäbe.
Draußen ersannen Maulwürfe
ein neues Gras. Es stand auf
und war grün. Schwalben
schossen durch die Pappeln,
vergilbende Blitze und
plötzlich Gesicht.

Chesterfields

Scheuerbambler, original
Tabak-Blatt-Bündel, an den
Stielen, mit Draht, zusammen-
gebunden, wurde in Scheunen
zum Trocknen aufgehängt,
aus Ranstadt / Wetterau,
um 1946, guter Zustand.

Tabakschneidebänkchen,
Kurbelvorschub u. 20 cm
langes u. 4 cm breites
Wännchen aus Stahlblech,
8 cm hohe Alufüße, in deren
Flansch lagert die Vorschub-
spindel; Schneidehebel,
Alu, Messerklinge, Stahl,
gewerblich, um 47.

3 lose, filterlose Zigaretten,
Chesterfields, mit Logo,
etwaige Nachfertigungen,
Tabakschneider 1948,
Alu, zeittypische Merkmale
(rauer, löchriger / pickliger
Guss u. Handfeilmarken),
Kurbeln schiebt gepresste
Blätter automatisch vor u.
schneidet ab

1909

Er wird jetzt fliegen, nichts ist natürlicher.
Franz Kafka

Vor Gewittertrümmern eines Hangars
raucht die Königin,
zwölf Silberschnallen auf dem Rücken.

Autobusse schaukeln querfeldein
zum Luftschiff über den Melissenbüschen,
bei den Buden parken die Propellerwagen,

und ein erster Doppeldecker rollt
ins Licht, ein safrangelber Spinner.
Toscanini,

der Maestro, er will helfen,
den Aeroplan auf die Brughiera schieben,
aber niemand lässt ihn.

Curtiss fliegt zwei Kilometer weit in Strauchwerkhöhe,
in den Berberitzen singt ein Zilpzalp
und Puccini lacht und lacht.

Könige von Prag
in der letzten Dampftram,
Motten, ganze Schwärme überm Gardasee.

Tage, Täler, Böhmen,
Böhmen ist aus Luft,
knatternd kommt der Morgen aus den Wolken.

Für Christine Marendon

Blitzchen

Jetzt setz dich und stirb, Mücke, die Tage sind kurz,
lande noch einmal mit dünnen Gelenken, die Wand
im Licht hält dich warm. Lebe, Blutsperling, trink,
Fühler getaucht in den Eimer mit rotem Wasser,
abgespült alles Tote aus dem Spätsommerkrieg.
Hier, feuchte Hand, vorbei, Dauerregen, vorüber,
Flutkatastrophe, die dich aus Böhmen mitbrachte,
weggerissen, Häuser, Wasserlinie im Wohnzimmer,
süße Männermatratzen. Blitzchen, so ist der Tod.

Galeeren-Shanty

Regengeruch, schöne Abwechslung,
Programmspalten, Spätschichtplan
und Telefonliste am Schwarzen Brett
saugen die Luft auf und wellen sich,

die Landtagswahl betrifft es nicht,
   den Staudammbau betrifft es nicht,
      die Hirnforschung betrifft es nicht,

das Hoffenster spiegelt ein Mädchen,
man raucht und lacht hässlich hinüber,
ein Tischapparat fiept und der Regen
nimmt zu, das Pensum steigert sich,

die Toten des Tages kümmert's nicht,
   die fressenden Tiere kümmert's nicht,
      das Meer der Zeit kümmert es nicht.

Für Helmut Fuchs Bardun

Mittags

Der Farnschatten schmilzt.
Am flimmernden Bahndamm
schottersteinhörig Salamander.
Setz den Fuß von Schwelle
zu Schwelle: Mittags zersägen
die Zimmermänner die Sonne.

Weiß. Ein sandiger Weg geht
im Wind. Setz den Fuß darauf,
du verlierst, wie du gewinnst.
Mit ihrem grünen Kopf spricht
die Heuschrecke Gryphius nach:
Bisher sind wir tot gewesen.

Pulk

Mit polterndem Flügelschlag steht die Gans auf im Wasser
Das Gedächtnis schwärmt zusammen, ordnet sich
Noch ein Kind und liest einen Band Keats
Da stocken die Gespräche, und alle zählen – Blitz

Das Gedächtnis schwärmt zusammen, ordnet sich
Eine Graugans – Luft – eine Graugans – Luft
Da stocken die Gespräche, und alle zählen – Blitz
Über die Wände getrabt kommt das Lichtpferd

Eine Graugans – Luft – eine Graugans – Luft
Jedes Gewitter löscht alle Bilder aller Gewitter
Über die Wände getrabt kommt das Lichtpferd
In deinem hell- und dunkelblau geblümten Kleid

Jedes Gewitter löscht alle Bilder aller Gewitter
Ein Junge bleibt am Fußballplatz sitzen
In deinem hell- und dunkelblau geblümten Kleid
Stütz dich mit den Händen ab auf meiner Brust

Ein Junge bleibt am Fußballplatz sitzen
Noch ein Kind und liest einen Band Keats
Stütz dich mit den Händen ab auf meiner Brust
Mit polterndem Flügelschlag steht die Gans auf im Wasser

Plorn

Dickens' zehntes Kind mit der Flinte
Der Einfachheit halber genannt Plorn
Wie das Knarren eines in die Gasse biegenden Karrens
Rappen, die ausrutschten und in der Luft standen
Zwei beieinander im Dunkeln, zwei Opfer
So niedergeschlagen, wie sie waren
Ihr Kummer eine Brandung, sie sprangen hinein
Aber war das er, wirklich sie?
Ihr Kummer eine Brandung, sie sprangen hinein
So niedergeschlagen, wie sie waren
Zwei beieinander im Dunkeln, zwei Opfer
Rappen, die ausrutschten und in der Luft standen
Wie das Knarren eines in die Gasse biegenden Karrens
Der Einfachheit halber genannt Plorn
Dickens' zehntes Kind mit der Flinte

Synapsen, Synapsen

Wie ich heute einer Welt nachrenne,
die sich verflüchtigt in Abkürzungen
und Halbleitern, so lief ich zyklopisch
ihr nach, aberwitzig, die mich keines
Blickes würdigte und die Geschenke
von mir auf der Stelle weiterschenkte.

Synapsen, Synapsen, erzählt mir, was
dachte sie, wenn sie so hinter mir saß,
wie wusste sie, dass ich ausgefallene
Wörter, die sie sagte, mitschrieb und
dass ich im Keller beim Unibuchbinder
das kleine rote Wörterbuch binden ließ.

Aberwitzig bis zyklopisch, ihr Alphabet,
und in der Buchmitte auf zehn Seiten
ihr Name, ihr Name, wieder und wieder.
Synapsen, Synapsen, wie wusste sie,
was da gekritzelt stand, eh sie das Buch
ihrer Cousine schenkte, die hieß wie sie.

Verloren, gerettet

It is possible, possible, possible.
Wallace Stevens

Irgendwann wird sie kommen
und mich retten, irgendwann
an einem Regennachmittag
in der glorreichen Apotheke
werde ich alles zertrümmern,
und kein Mittel wird mir helfen,
nur eine Geste des Vergebens.

Wer immer aus warmer Hand
sie zaubern wird irgendwann
an einem Regennachmittag in
einer zertrümmerten Apotheke,
ich will ihn retten, retten, wenn
kein Kummer bleibt, nur Lieder,
keine Vergebung, nur die Geste.

Wolfsspinne

Sie steckt keine Stecknadeln in Buchstaben,
Zauber und Omen, nichts hebt sie ans Licht,
es gibt wohl keine Bilder, wo alles Bild ist.
Sie jagt ohne Netz, ihre Beute überrennt sie
am sonnigen Waldrand, am Fuß der Schlehe,
wo ältere Geschwister sie Respekt lehren,
vorm Tau auf der Koppel, der Kleelichtung,
graugrün ihre Folie, graugrün wie sie auch,
sie in den Schatten der Zaubernuss eines
der möglichen Spiele, eine Andere zu sein.

Sie liebt. Einmal, zweimal. Heute, morgen.
Grenzen gibt es immer, wissen Chagall und
die verliebte Wolfsspinne. Schwarz getigert,
trommelt das Männchen, das sie im Blick hat,
auf ein trockenes Blatt. Es klingt wie droben
in der Kastanienkrone ein sehr kleiner Specht.
Auf der Stelle bilden sie pochend die Staffel,
alle unsichtbaren Rivalen, durchs warme Gras
läuft das schnurrende Klopfen zu ihr, die weiß,
den Verstummenden erhört sie, ihn liebt sie.

Für Sabine Richter

Liguster und Liguster

Ein Sturm drückt den Zaun ein
zwischen den zwei Grundstücken,

und die Familien wollen die Gärten
ohne jeden Zweifel zusammenlegen.

Gäbe es nicht die Liebe der Stare
zum Rostwasser der Hängetränke.

Zwischen Liguster und Liguster
schaukelt ihr Blech über der Grenze,

schwingt hinüber und wieder zurück,
und nichts kann je verschwinden.

Ein Tag ohne Tränen

Aber wer braucht einen Wolkenbruch, hat er Tränen.
Armin Senser

Weine um die Wassertürme
ein fadenscheiniges Kleid
oder die gestrichene Galaxie

Trauere um tote Wörter
Marken, Orte der Vergangenheit
und das Schale an aller Magie

Heul doch – wenn du kannst
heul doch in der Zwischenzeit
um dich, mich, uns und sie

Oder verzichte, das ist die Kunst
ein trauriges Lächeln bereit
hält vernünftige Melancholie

Ein Tag ohne Tränen ist ein Zufall
eine Gedankenlosigkeit
schon eine Manie

Anmerkung

Das Motto des Bandes stammt aus einem Fragment Gottfried Benns von 1953. Der Schluss von *Ein Tag ohne Tränen* gibt das Fragment vollständig wieder.

M. B.

Inhalt

Souvenirs aus einem gefrorenen Garten

Die Taubenuhr

Das Postamt am Ende der Welt hat geöffnet